AF192299

Vila i sprickorna

Kristina Kolthoff

Tidigare utgivet av Kristina Kolthoff

Lektioner för duktiga flickor, roman 2023

Till Timo, Oskar, Elin och Axel

VILSE

Du kommer att gå vilse
Det finns ingen karta

En dag
hittar du hem

KROKIGA VÄGAR

Jag är krokiga vägar
stenmurar och åkrar

Jag är den som går förbi hinder
över åar
utmed gränser

Jag är lera och jord
sådden och trädan

Jag är stora vatten
stiltje och storm

En krusning
som speglar himlen

SKRIVER MOD

Jag vill skriva mod över rädslan
knacka på stängda dörrar
där det okända bor
Låta dörren öppnas
slå mig ner
dricka te

Jag vill skriva tröst över sorgen
Torka dess tårar
Hålla den hårt
Viska att det blir bättre
en dag

Jag vill skriva hopp över hopplösheten
Blåsa kraft
Ta dess hand
och resa den upp

Jag vill tända ljus
i det djupa mörkret
för ingenting annat
kan få det att vika

Jag vill dansa naken
i solen, i regnet, i vinden

Jag vill sjunga
en sång som aldrig tystnar

ETT HEM

Ett hem behöver
en rot
och en själ

Nåden att tillhöra
Veta vem som spikat
alla dessa praktiska spikar
som de oförstående skakar på huvudet åt

Friheten att sitta i solen
naken

I IDE

Frusen värld
utan förlåtande snö

Tung grå himmel
Ordlös nordan

Gravitationen ökar
med långsamma steg

DAGENS SISTA KYSS

Klockan nitton noll fyra

Ett hav av tjock skare
över mörkblå åkrar

I väster möts natthimlen
och den rosa skymningen
i dagens sista kyss

DRICKER SOLLJUS

Vecklar ut vintertrött själ

Dricker solljus
och klorofyll
med smak av eufori

BRÅDDJUPEN

Över bråddjupen
svävar
skrattet

LÅT DIN SORG

Låt din sorg
luta sig
mot din glädje

Låt ditt mörker
vila
i din styrka

EN DROPPE ORK

Sjunker ner
Stänger av
Sluter in

Håller en liten droppe ork
i mina kupade händer

DEN IRONISKA HYSTERIN

Den ironiska hysterin
skrattar tappert
med spända axlar
och sammanbitna käkar

Får en sekund
i stormens öga

SVÄRTAN

Du säger att svart
är en av mina färger

Du säger att skammen
inte är min att bära

Svärtan är tung
men skam är tyngre

Går vidare
med lättare steg

SKÖR TYSTNAD

Behöver balkongen
Kvällsljud

Syrsornas spel

Grönskan
och solnedgången
bakom tät skog

Skör tystnad
Jag behöver min sköra tystnad

SJÄTTE MÅNADEN

Vi växer mitt barn
Du sparkar

Jag smeker dig
över min hud

Du finns där inne
Du finns

NIONDE MÅNADEN

Tionde mars

Du står i startposition
och sparkar ivrigt
Huvudet mot målet
Mot världen

Vi ska få göra resan
Resan till det nya livet

FÖRLOSSNING

Tionde april

Vaknar klockan 00.30 och vet
att nu sker det

Utan smärta
rinner livets vatten ur mig

Natten är vår
ensam och kolsvart

Var sjätte minut
rullar vågorna in

Den högtidliga ringklockan
Väntar på att släppas in
i miraklens korridor
Livets väntrum

Ett tidlöst töcken
Vi kämpar för livet
Operationssalens räddning

Du sträcker ut din hand
och hälsar på världen

DET TREDJE UNDERVERKET

Det tredje underverket
Femtiofem centimeter lycka
Tretusen åttahundrasextio gram kärlek

Ännu en livslinje
tatuerad på min mage

Du håller våra hjärtan
i dina små små händer

NYFÖRÄLSKADE

Sex veckor

Har det funnits ett före?
Du är vår nya mittpunkt
Vi svävar omkring dig
nyförälskade

Du känner vår kärlek
Du lutar ditt lilla huvud mot den

MODERSTIGERN

Moderstigerns hjärta
slår alltid i takt
med barnets

Moderstigerns rytande
är en kampsång
som aldrig tystnar

PATINERAD SKÖNHET

Åderbråckens vandring under huden
påminner om bärandet
av det tredje barnet

Två livslinjer över min mage
Världens vackraste tatuering

Ansiktets skrattrynkor
och bekymrade streck

Skavankernas proveniens
berättar historien
om patinerad skönhet

AFTONSTJÄRNAN

På den motvilligt mörknande himlen
lyser aftonstjärnan

Urtidens ljus
En blinkning
till människan

GRYNINGSKÖREN

Gryningskören sjunger
med tusen stämmor
alla i otakt
med var sin melodi

Det är så vackert
att en ny dag gryr

SAMMETSNÄTTER

I äppelblommens tid

I sammetsnätternas
tysta vaggvisa
strax innan staren
bryter förtrollningen

I äppelblommens tid
är mörkret mjukt
och molnen tunga

Väntar på staren
som bryter förtrollningen

HUMLAN

Humlan surrar yrvaket
med vårsol i ögonen

Vingarna för små
omöjliga

Trädgården bär stora drömmar

Humlan flyger
ovetande vidare

VÅRSKRIK

Låt vårskriken ljuda
över helvetesgapen

MÖTE

Stilla min vind
Tystna mitt brus
Spela min sång

Jag har stämt möte
med mig själv

MITT VACKRASTE NAMN

Väntar på barnet

Hans steg genom grinden
Hans hand på dörrhandtaget
Hans snöiga kläder
i en hög på hallgolvet
Rödkindad med kall näsa

"Mamma, mamma, mamma!"
Det vackraste namn jag bär

BÄR DITT BARN

Bär ditt barn
under ditt hjärta
Känn det växa

Bär ditt barn
genom vaknätternas
otröstlighet och tårar

Håll ditt barn
i dina trygga armar
Kyss bort skrubbsår och bulor

Bär ditt barn
genom besvikelser och sorger
Känn det växa

Se ditt barn
stå på starka ben
i den stora världen

Hör ditt barn
sjunga din oro
till ro

PÅ GRÄNSEN TILL DAGEN

Fullmånen uppe i högra hörnet

Svart katt på balkongräcket

Månljus över täcket

Barnet och modern
på gränsen till dagen

DET FINNS INGEN VINTER

Sommarnatten värmer
förlåtande

Människorna glittrar
lyckligt

Musiken är deras
och skrattet
i evighet

Det finns ingen vinter
Inte nu

VARGARNAS TYSTNAD

Blommorna vilar
i svalkande sommarregn

Vimplarna i taket

Blombuketterna dröjer sig kvar

Katten drömmer
till smattrande regn

Vargarna
är tysta

NÄR SVALKAN KOM

När svalkan kom
var den varm och vilsam
utan hetta

Solljuset somnade stilla
i augustinattens sammetsmörker

ALLT SOM TYNGER

Allt som tynger
ska sjunka sakta
tills du en dag står
på botten
av dig själv

ÄNGELN I MÖRKRET

I mörkret sjunger ängeln
tröstande toner
Sånger som smeker hjärtat

I natten viskar ängeln
ord som aldrig slutar tro
på gryningen

På rädslans stigar
finns bara ett par fotspår
Du går inte ensam där

INGEN VINNER

Osynlig nummerlapp
Tävlar mot livet
och alla andra

Mot dem som alltid
är lite bättre
har färre smulor
fler vänner
färre kilon
fler stunder av lycka
färre demoner

Fler, fler, fler

Tävlar
Men ingen vinner

SJÄTTE JANUARI

Sitter här
med sorgen den svarta
och vet att den är mig given

Måste tugga i mig den
trots att den smakar
bitter tomhet
och tusen tårars hav

DEN SISTA STRIDEN

Den som utkämpar sin sista strid
behöver ett rum fyllt av närvaro
vänliga ord
och sång

Så vi pratade om livet
medan det försvann

Vi sjöng våra sånger
för toner bär
när tystnaden kommer

I ett rum fullt av kärlek
kan den sista striden
utkämpas tillsammans

TIONDE JANUARI

Fågelungen
i den stora sängen
är min pappa

"Du måste andas!" ber jag

Då andas du
en gång till

Nu andas du
inte mer

Jag är ett faderlöst barn

SORGENS NYANS

Hon tänder det blå ljuset
på födelsedagen
som inte längre finns

Vi vandrar med minnet
år läggs till år

Sorgen får en annan nyans
väger mindre
när vi sakta släpper taget
och låter honom gå

I MINA KUPADE HÄNDER

När vi var små
och försvann
visslade pappa
i sina kupade händer

När jag är liten
och försvunnen
visslar pappa
i mina kupade händer

NÄR DU FANNS

Din excentriska handstil
Versaler som skrivstil

Då fanns den till vardags
nu är den bevis
på att du fanns

SJUKHUS

Första våningen
en kolsvart natt i april
Klamrar mig fast
vid min älskade
Värkarnas vågor rullar in
Det gör ont
att komma till livet

När dagen är ny
och klockan snart slår tolv
föds en människa

Sjunde våningen
en strålande dag i januari
Du klamrar dig fast
vid min hand
Det är en ung och stark hand
Det gör ont
att gå ifrån livet

När nästa dag gryr
och klockan slagit tolv
dör en människa

LYSTER

Döden står
som en svart kuliss
och ger livet lyster

FRÅNVARANDE NÄRVARO

De frånvarandes närvaro
aldrig övergiven

I bakgrunden brusar älven
Någon bär mig på skogsstarka armar
Då är jag mycket liten

I mörkblå skogar
sjunger orden barndom
med stränga ögon
som lyser av stolthet

Vi skrålar ibland
till bilradions sånger
Du sitter bredvid
Mitt hjärta är lyckligt i dagar

Och ännu händer det
att kvällsluften våndas
men en svag doft av cigarettrök
kan jag alltid räkna med

GÅRDAGENS SAND

Alarmet ringer vardag
Stiger upp
Far i väg

I skorna
finns gårdagens sand

SEPTEMBERSOL

Vilar i varandras tystnad
med rummet fullt
av septembersol

Får ha mina tankar ifred
de är varken storslagna
eller nya

TRANORNAS VÄG

Tranornas osynliga väg
över hustaken

Septembers exakthet
nedärvd längtan
med riktning mot värmen

"Följ med, följ med!" ropar de
"Stanna." viskar marken

LYSER EN HÖST

Det lyser en höst
skimrar orange
vilar mot grönt
väntar på grått

Det lyser en höst

Livet har alla färger

FROST

Fullmånen lämnar
ett täcke av frost
över glödande höst

LÄTTAR DIMMA

Faller löv

Lyser guld

Lättar dimma

Medan mörkret
sveper in

POESI OM MORGONEN

Novembergryning

Frusen asfalt

Sommarens sista solros

Mitt emot brevlådan
ler fullmånen

SKÖNHET

Novembers vemod
breder ut sina slöjor

Vi är gulnad vass
och avlövade björkar

Grå sjö
genom suddigt dis

Skönhet
för erfarna ögon

ANDRUM

November svävar stilla
mellan oktobers fyrverkeri
och decembers längtan

Bjuder på duggregn
när de sista löven faller
Förväntar sig ingenting

Årets andrum

SAMLAR PÅ TYSTNAD

Jag samlar på tystnad

Omfamnad av barnets skratt
av sång och prat
av spinnande katt

Jag samlar på tystnad

Där vilar en vilja
Där börjar en bön

Jag samlar på tystnad

NÄTTERNA

Nätterna
är hungriga vargar
som jagar outtröttligt
i frusna skogar

SKUMTIMMEN

Skumtimmen
är ett maraton
mot gryningens
suck av lättnad

TIGERMAT

Mata inte tigrarna

De tuggar sönder din själ
och förminskar din värld

Mata inte tigrarna

Tro inte ens
att de finns

DIMMA

Inne i dimman
saknar tankarna konturer

Viljan är suddig
och tystnaden dov

KLOCKAN 03.47

Klockan 03.47
är svarta klippor
och skummande vågor

Utan förlåtelse
Utan förståelse

Gryningen vaggar varsamt

BERÄTTA FÖR MIG

Ömka mig inte
men gå bredvid mig
i solförmörkelse
och nordanvind

Berätta för mig
om solskenet
och sommarvinden

Jag ska lyssna

EXIL

I exil
Nere i limbo
är tillvaron

Och ändå
cyklar vardagen till jobbet

Vi väntar
men Godot kommer aldrig
till drömmarnas trädgård

SIRENERNAS SÅNG

Från djupen hörs
sirenernas sång

Bind mig vid masten
Håll för mina öron

Låt deras sång
tystna

AVLÖVAD

Avlövat står trädet
när stormen kommer
Den kommer alltid då

Böjer sig i vinden
kvider

Grenarna brister
men rötterna når djupt
Fibrerna är sega
Alla vinterstormar stärker
och skövlar

Det kommer en vår
Det kommer alltid en vår

DET VAR VISST SNÖ

Det var visst snö ute

Det var visst leende människor
under blå himmel

Det var visst is på sjöarna
i strålande vintersol

Det var visst lördag
Det var visst söndag

Det var visst det

STÄLLA SIG SIST

Duktig flicka
Hon ställer sig alltid sist
Hör inte sin röst

Hon går alltid ett steg till
med ett leende
som inte når ögonen

LÄMNA

Lämna mig inte
i stormen
om natten

Vindarna piskar
i tomhetens mörker
isande kyla

Min båt är så liten
seglet är trasigt
havet så vindlande stort

Lämna mig inte
i stormen
om natten

Håll om mig
Håll mig tills natten är slut

RUSTNING

Sprucken rustning
Trubbigt svärd

Livet skaver
Demonerna dansar

I mörkret
lyser stjärnorna

VANTARNA

Om man är mycket liten
rädd och ensam
och har tappat sina vantar
fryser själen

Värm ditt lilla barn
Stanna hos det
Ta barnets hand i din
du är vuxen nu

GETSEMANE

I Getsemane trädgård
är natten mörk
och utan stjärnor

Vandraren vilse
bland knotiga träd

Vägen ut
är outhärdlig

DEMONERNA DANSAR

Pannloben bortkopplad
Demonerna dansar

Och det blev afton
Och det blev morgon
Den sjunde dagen

BJUD PÅ TE

Bjud demonerna på te
Låt dem väsnas och spilla
bråka och skrämmas

Andas in
andas ut
Bjud på te
Se dem somna

SPINDELTRÅD

Rustning sydd av solstrålar
och fågelsång

Sommarbrisen
kan nå orkanstyrka

Stark och skör
som spindeltråd

SKAVSÅR

Att våga känna
på skavsåren

Försiktigt vidröra
ärren

Låta blåmärkena
blekna

Plocka stenarna
ur skorna
och gå vidare

MIDVINTERNATT

Midvinternattens köld är hård
Orden fladdrar som irrbloss

Tystnar och sjunker

Jag lovar
att lyssna och läka
Låta nej bli mitt ja

Lita på styrkan
i att vara svag

JULDAG

Juldagens skymning lyser i rosa
och glödande guld

Sillen och ölen och snapsen
minns dig

HEJ tomtegubbar!

Hör du?

Köksbordet är närvaro
Skymningen lyser

SAMTAL

Människorna
som inte längre svarar
när jag ringer

De är på andra sidan tillvaron

Kaffet är urdrucket
samtalet har tystnat

En vardag blir imperfekt
preteritum
vilken vardag som helst

MINNENAS ZON

Barndomens hem
har en annan tidszon

Förr och nu
Barndom och länge sedan
Dansar som norrsken
på kvällshimlen

Doften av hyacint
Smaken av jultårta
Porslinet med guldkant
Juldukens broderier

Där dåtiden önskar nutiden
God helg

TYSTNAD RÅDER

Jagar orden med håv
Nattfjärilar i mörkret

Maskorna för stora
Tystnad råder

TREVAR

När jag trevar
vid mina bortersta gränser
känner jag din hand

Bara du tror
att jag kan ta ett steg till

FULA

Mitt fula
får finnas

Bredvid mitt vackra
hos dig

"JA"

Ett telefonsamtal för trettio år sedan
i tonårstidens sommarlov
Telefonsladd och ringskiva

Du frågade efter mig
Jag svarade ja
Vi skulle åt samma håll

Vi har ropat ja i eufori
över barns födelse

Vi har gråtit ja
när våra viktiga försvunnit

Vi har suckat ja
i en vardag så grå
att vi glömt regnbågens färger

Vi har viskat ja
i hopplöshetens mörker

Jag svarar ja
Vi ska åt samma håll

GIFTAS

Vit kyrka på svart åker
Aprilhimmel med doft av snö

Altarets ögonblick
där orden är tyngre än allt
de någonsin kommer att säga

Bakom kyrkportarna
breder livet ut sig

HUDNÄRA

Blanka dagar
Hudnära stunder
Doften av dig

Det smattrar ett regn
som solsken för själen

NYUTSLAGEN SOMMAR

Ditt leende
är alltid nyutslagen sommar
och fjärilar i magen

Sanden i timglaset
en nanosekund
glimrande över köksbordet
till diskmaskinens sång

VAKT

Ställ din ilska på vakt
vid din själs yttersta gränser

Låt den försvara dig
med styrka och stolthet

Böj dig aldrig
Minns alltid
ditt värde

DEN RÖDA JACKAN

Stryker den röda jackan
Den har väntat en vinter

Det har varit alltför kallt

Det har varit alltför mörkt

Stryker den röda jackan
Det är dags nu

REQUIEM

Ilskan har tystnat

Nu spelar ett requiem
sin hemlängtan

Nu kämpas strider
som ingen ser
Över osynliga berg
Genom rädslans labyrinter
i det tysta

Ingen hör segervrålet

TUNNEL

I slutet av tunneln
lyste rättvisan

Ryggen var rak
och huvudet högt

Man blir mycket trött
av tunnlar

DET VÄNLIGT SAGDA

Det blev inga rubriker
när jag till slut höjde handen
i hälsning

Och ingen reporter kom
när hon log tillbaka

Inte ens en notis
när vi bytte några ord
som trevade sig fram
i höstluften

Men vi visste
att det vänligt sagda
är goda nyheter
och en stor seger

INGEN NYFÖDD

Det finns ingen nyfödd här

Ingen oemotståndlig doft
Inget snusande
Inget sammetslent och ömtåligt

Det finns ingen nyfödd här

Inte minsta lilla dröm
eller längtan

Det finns
ingen nyfödd här

OKÄND ÄNGEL

Den perfekt formade rymdkapseln
var tom

I en annan himmel
hörs en okänd ängels sång

REVA I TIDEN

Det saknas en tråd
av trygghet

En reva i tiden
För alltid förlorad

TRÖST

Maskerna föll
Kvar stod ett barn
Liten och rädd
och vilse i världen

Bakom isande skrik
fanns det barnagråt
som ropat så länge i natten

Låt mig hålla din hand
Bli din tröstande famn
Vi ska andas
tills gråten tar slut

TIDEN

Tiden är din vän
En dag är du starkare
än du någonsin varit

En dag blommar
fröet du sådde
en vårvinterdag

Skynda inte
Varje steg är lika dyrbart
även de trötta och underjordiska
när ingenting spirar

TILL LÅNS

Hon är så mycket till låns
Hon är så mycket sin egen

På väg till världen

Men en moders oro
kan nå hundratals mil
Det är barnets frihet värd

Man ger dem vingar
Man vill hålla dem nära

FLICKA

Hon går rakryggad
med stadiga steg
Hjärtat fullt av rättvisa
Famnen full av möjligheter

Ögonen vet
hur det känns att bli älskad

Född på en vänlig plats
där världen är också för henne

ÄNGEL I MIN FAMN

Hon är orkanstyrkan
och brisen

Hon är stillheten
och storm

Hon är lysande november
under tunga flingors fall

Inget stänger hennes frihet
hon är sin

Min ängel
i min famn

BLI STOR

Jag såg honom idag
Den unge mannen
med rak rygg och integritet
Skäggstubb och breda axlar

Stadiga steg
På väg

Jag såg honom idag
Den unge mannen
är inte längre
mitt lilla barn

STUDENTDAG

Han står i hallen
och knyter slipsen

I kartongen
ligger mössan

Hjälper honom vika ner skjortkragen
Känner hans kind
sträv av skäggstubb

Handen minns
när kinden var det lenaste på jorden
När ingen någonsin
hade rört den
före mig

FRÅNVARONS DOFT

Han är hemlängtan i bröstet
Han är saknaden av skor
Hans plats är inte dukad
Han längtar bort och ut

En doft av frånvaro
blir kvar

SKIMRANDE NU

Livets första skrik
klöv min värld
i två delar

När du förpassade alla mina dagar
till ett futtigt före
och gjorde dagarna som kommer
till ett skimrande nu

ALLTID

"Jag har alltid älskat dig, mamma!"

Och jag har alltid älskat dig
När du var en viskning i vinden
En hemlig längtan
En gnista av hopp
En rörelse

Jag har alltid älskat dig
Genom vakna nätter
Trötta morgnar
Trots och tristess
Bråk och besvikelser
Kramar och skratt

Jag ska alltid älska dig
När hormonerna river
När världen är vass
När lyckan är stor
och sorgen är svart

Jag ska alltid älska dig

SKORNA

Man borde nog inte gå
alla de där milen
i sina skor

Hjärtat kan slå så hårt
Själen kan hoppa ur led

Man borde nog stanna
ibland

Låta skorna vila

GÅ FÖR LÅNGT

Varför gick jag ända hit?
Kan läsa skyltarna
Höll i kartan
Känner vägen

Varför gick jag ända hit?
Där vilan är tung som bly
Stegen ovilliga
Tanken trög och sorgsen

Där försommarljuset
bleknar till höst
Världen är platt
och svart seg asfalt

Varför gick jag ända hit?

TACKSAMHET

När träden avlövas
finns bara människorna kvar

När nöden prövar
ser jag nästan inga ryggar
öppna famnar
tusen stjärnor i mörkret

Ett hav av tacksamhet
är inte nog

SLÄPPA TAGET

Farligast av allt
är att släppa taget

och falla

BUREN

Låter tyngderna
falla

Låter människorna
bära

NYA VINGAR

En lång väg hem

Förpuppas

Förvandlas

Funderar över färgerna
på de nya vingarna

I TAKT

Där vattnet
möter himlen

slår hjärtat i takt

med vågornas
evighetsrytm

LITEN MÄNNISKA

Lilla människa
du har kämpat så tappert
i piskande regn
i rytande storm
Lilla människa
ta av dig din modiga mantel
lägg ner ditt stridande svärd

Låt dig vaggas
av omsorgens dag

LYCKA

Lyckan
finns inte
bakom nästa vägkrök

Stillheten
vilar inte
på andra sidan berget

Men du får starka ben
av vandringen

Du får bra balans
av gropiga vägar

och om du lyssnar noga
kan du höra fågelsången

DECEMBERFROST

Flera frostnätter senare
står sommarens lejongap grön
och i knopp

Sandkornsstora frön i maj
trotsar december

STÅR KVAR

Står kvar på stationen
Det går inga tåg dit jag ska

Framåt
är inte en plats

VID REGNBÅGENS SLUT

Vi är spruckna lerkärl
skavda av livet

Vi är svarta och tunga
fulla av slam

Vi är ljus genom sprickor
en sång sipprar in

Vi är skatten
vid regnbågens slut

STJÄRNSTOFF

I tidernas begynnelse
var rymden svart och sammetslen

Universum födde stjärnor
Solar växte
sprängdes och spred
sitt stjärnstoff över oändligheten

Ett lysande regn
En nyfödd planet
Ett glödande hjärta
Livets puls

Eoner kom
Eoner gick
Atomer av järn
i livets blod

Vi vandrar med stjärnstoff i våra ådror

HÅLL DIG VARSAMT

Tala vänligt till dig
Lyssna med förstående öron på dig

Håll dig varsamt
Var dig varsam

I STORMENS ÖGA

Lär dig att gå
med tyngd under fötterna

Håll oron
med varsamma händer
den är granne med friden

Lär dig att vila
i stormens öga

Det kommer en dag
när det mojnar

© 2023, Kristina Kolthoff
Förlag: BoD – Books on Demand, Stockholm, Sverige
Tryck: BoD – Books on Demand, Norderstedt, Tyskland
ISBN: 978-91-8057-493-8